GILL THACKRAY

MANIFESTIEREN

Für Murphy und Hamish, die jeden Morgen den allerbesten Tag manifestieren.

Bibliografische Information der Deutschen Nationalbibliothek
Die Deutsche Nationalbibliothek verzeichnet diese Publikation in der Deutschen Nationalbibliografie. Detaillierte bibliografische Daten sind im Internet über http://dnb.de abrufbar.

Für Fragen und Anregungen
info@m-vg.de

4. Auflage 2024

Türkenstraße 89
80799 München
Tel.: 089 651285-0

Wichtige Hinweise
Ausschließlich zum Zweck der besseren Lesbarkeit wurde auf eine genderspezifische Schreibweise sowie eine Mehrfachbezeichnung verzichtet. Alle personenbezogenen Bezeichnungen sind somit geschlechts-neutral zu verstehen.

Übersetzung: Sabine Zürn
Redaktion: Ariane Novel
Umschlaggestaltung: Isabella Dorsch
Umschlagabbildung: Jade Mosinski licensed by Jehane Ltd 2022
Illustrationen: © Jade Mosinski licensed by Jehane Ltd 2022
Layout: Ana Bjezancevic
Satz: Bernadett Linseisen (schere.style.papier), München
Druck: Florjancic Tisk d.o.o., Slowenien
Printed in the EU

ISBN Print 978-3-7474-0511-6
ISBN E-Book (PDF) 978-3-96121-909-4
ISBN E-Book (EPUB, Mobi) 978-3-96121-910-0

GILL THACKRAY

MANIFESTIEREN

Lass deine Wünsche Wirklichkeit werden

mvgverlag

Inhalt

Einleitung: Was ist Manifestieren?

Nichts geschieht, bis sich irgendetwas bewegt. Sobald etwas in Schwingung gerät, gehen die Elektronen des gesamten Universums in Resonanz. Alles ist miteinander verbunden.

ALBERT EINSTEIN

Manifestieren ist nichts Neues. Seit Tausenden von Jahren wird es von alten Weisheitstraditionen auf der ganzen Welt praktiziert. Wenn du manifestierst, beginnst du, das Gesetz der Anziehung in dein Leben einzuladen. Dir wird bewusst, wie das Universum wirkt – und dass jeder Mensch das Potenzial hat, seine eigene Realität zu erschaffen.

Im Kern beruht Manifestieren auf der Theorie, dass wir mit dem Universum zusammenarbeiten können, um unsere Welt zu kreieren. Es müssen dafür nur einige Regeln beachtet werden. Durch die Intention, unsere Gedanken, Gefühle und Handlungen zu verändern, werden wir zu Architekt*innen unseres eigenen Lebens. Durch Manifestieren kannst du dein Leben verändern und die Realität erschaffen, die du dir wirklich wünschst.

Wir bewegen uns in die Richtung, auf die wir uns fokussieren. Wenn wir manifestieren, wird uns erst bewusst, wie unsere Glaubenssätze über uns selbst, die Welt und das, was wir verdient haben, unser Leben grundlegend verändern können. Unser Mindset beeinflusst maßgeblich, wie sich unser Leben entwickelt. Hast du eine festgefahrene, negative Einstellung und hältst es für ausgeschlossen, dein Leben zu ändern, wirst du genau das erleben. Deine Energie folgt deiner Aufmerksamkeit. Alles, was du wahrnimmst, sind nur Hindernisse, Blockaden und Einschränkungen. Manifestieren ist eine Möglichkeit, eine neue Sichtweise auf die Welt zu entwickeln – du kannst sie dir neu erschaffen.

Ein positives Mindset empowert dich. Es bewirkt eine kraftvolle Schwingung, die positive Erfahrungen anzieht. Durch Manifestieren bringst du deine Ziele in Einklang mit der kosmischen Alchemie. Mit dem richtigen Mindset fürs Manifestieren lässt du die Vergangenheit los und erschaffst eine neue, wunderschöne Realität. Wenn du ins Handeln kommst, strömt dir die liebevolle Energie des Universums entgegen.

Du kannst dein Leben und dein Mindset aber auch dann ändern, wenn du noch sehr negativ ausgerichtet bist. Hier kommt die Magie des Manifestierens ins Spiel. Du erträumst dir eine neue Realität. Du glaubst mir nicht? Egal, das musst du auch noch nicht! Schalt trotzdem mal deinen kritischen Verstand aus und lass dich auf diese Transformationspraxis ein. Du hast nichts zu verlieren. Betrachte es als eine Art Neuanfang, um alle Ziele, die du bisher nicht erreicht hast, wieder in Angriff zu nehmen und zu sehen, was passiert.

Umgehe ich einen spirituellen Weg, wenn ich meine Ziele manifestiere? Verpasse ich dann wertvolle Lebenslektionen? Nein. Manifestieren ist deine Chance, dein Potenzial auszuschöpfen und mit deiner überwältigenden Kraft Veränderungen in der Welt zu bewirken. Nutz dieses unglaublich mächtige Instrument zum Heil unseres Planeten und der gesamten Menschheit.

Manifestieren bedeutet nicht, egozentrisch oder narzisstisch zu sein. Hier geht es um Erneuerung und Transformation. Darum, die Richtung zu bestimmen, statt passiv zu bleiben. Du kannst damit ganz uneigennützig und mit deiner ganzen Kraft eine weltweite Veränderung mitgestalten. Setz deinen Fokus, deine Zeit und deine Ressourcen für andere ein. Vielleicht liegt es dir am Herzen, die Gemeinschaft zu stärken, der Umwelt zu helfen, zu heilen oder etwas zu bewegen, was einen kollektiven Wandel bewirkt. Manifestieren ist eine konkrete Möglichkeit, um die Probleme unseres Planeten anzugehen. Es kann die Welt verändern. Es liegt an dir, wie du es einsetzen willst.

Glaub daran, dass du es kannst, und schon hast du den halben Weg geschafft.

THEODORE ROOSEVELT

Bin ich bereit, zu manifestieren?

Ich habe Träume, die mich inspirieren.

✦

Ich habe meine Ziele nicht erreicht
und weiß nicht, warum.

✦

Es fühlt sich an, als ob ich in meinem
Alltagstrott feststecken würde.

✦

Hindernisse blockieren mich.

✦

Ich muss meine Energie (und Motivation) neu ausrichten.

Meine einschränkenden Glaubenssätze darüber, wer ich bin und welche Möglichkeiten ich habe, halten mich auf.

Auch mein persönliches Umfeld hegt einschränkende Glaubenssätze.

Ich weiß, dass in mir eine verborgene Kraft steckt, ich weiß nur nicht, wie ich sie aktivieren kann.

Ich fühle mich bereit, mein Mindset zu ändern.

Meine innere Stimme sagt mir, dass die Zeit dafür gekommen ist.

Manifestieren ist mehr als nur die bildliche Vorstellung deiner Wünsche. Träume und Visionen von dem Leben, das du dir wünschst, machen nur einen kleinen Teil aus. Allein dadurch wird sich nicht viel verändern. Du musst aktiv werden und aus dieser Vision etwas machen. Erst dann kommt das Manifestieren ins Spiel. Bleib nicht bei deiner Vision stehen, sondern schreite zur Tat und nutz dafür die Kraft des Universums. Das Manifestieren umfasst vier Phasen.

Die 4-Phasen-Formel des Manifestierens

Vision
+
Mindset
+
Intention
+
Handeln

= Manifestation deines Ziels

Sobald du diese Komponenten berücksichtigt hast, wirst du eine Veränderung feststellen. Beim Manifestieren bittest du das Universum darum, schöpferisch mit dir zusammenzuarbeiten.

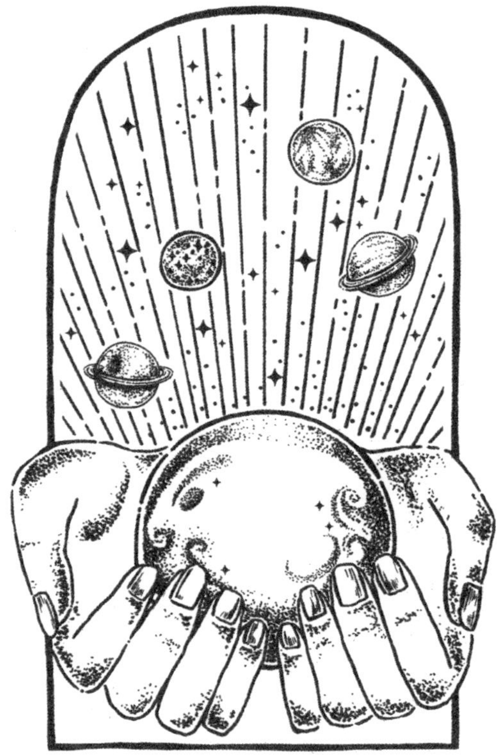

Eine Vision erschaffen

Du kannst dir eine Kerze anzünden und einen heiligen Raum schaffen, in dem es dir leichtfällt, auf dein Inneres zu hören. Denk darüber nach, wo du jetzt stehst und in Zukunft sein möchtest. Überleg dir, welche Bereiche deines Lebens du verändern möchtest. Erlaube dir, große Träume zu haben. Schränk dich nicht ein und denk in dieser Phase nicht über die Umsetzung nach.

Reflexion

Frag dich, welche Ziele du in Bezug auf die folgenden Punkte hast:

– Glück –

– höhere Bestimmung –

– Gemeinschaft –

– finanzieller Erfolg –

– eine Liebesbeziehung –

– deine Bereitschaft, etwas zurückzugeben –

Gesundheit

Selbstvertrauen

Engagement für eine Sache,
die dir wichtig ist

Beruf

innerer Frieden

Umwelt- und Naturschutz

Work-Life-Balance

Übung: Visualisieren

Indem du visualisierst, was du verwirklichen möchtest, veränderst du deine Schwingung und aktivierst das Gesetz der Anziehung. Betrachte Visualisieren als eine wirksame Form der Tagträumerei, die du jeden Tag anwenden kannst. Auf diese Weise bringst du dein Licht zum Strahlen. Der Schlüssel besteht darin, konsequent zu üben. Es dauert etwa 60 Sekunden, jedes einzelne Ziel zu visualisieren.

1. Such dir einen ungestörten Ort. Atme dreimal tief ein und aus und entspann deinen Körper.

2. Vergegenwärtige dir klar und deutlich dein Ziel. Stell dir vor, dass es genau hier und jetzt Wirklichkeit wird. Wie soll es aussehen? Kreiere ganz bewusst eine bunte Palette positiv wirkender Farben, Strukturen und Hintergründe. Hörst du vielleicht Klänge? Fühlst du dich lebendig und energiegeladen?

3. Was empfindest du? Begeisterung? Stolz? Aufregung? Gelassenheit? Zufriedenheit? Dankbarkeit?

4. Wie gehen andere mit dir um? In welchem Tempo verläuft dein Leben? Welche subtilen Energien nimmst du wahr?

5. Nimm dir Zeit, um alles wahrzunehmen, was du fühlen, sehen und hören würdest, wenn du dein Ziel bereits erreicht hättest. Tauch ein in die Magie dieser neuen Realität.

Falls Visualisieren dir nicht zusagt, kannst du stattdessen auch ein Vision Board gestalten.

Übung: Ein Vision Board erstellen

Für diese Übung brauchst du alte Zeitschriften mit Bildern, die dich inspirieren, eine Schere, Kleber und Papier.

1. Nimm dir Zeit zum Nachdenken. Zünd dir eine Kerze an und meditiere über deine Ziele. Bei dieser magischen Übung darfst du dir erlauben, grenzenlos vor dich hin zu träumen. Stimme dich auf die Botschaft deiner Seele ein.

✦

2. Erstell aus den Fotos eine Collage deiner Träume, die du dir erfüllen möchtest. Wähl Bilder aus, die dich emotional und spirituell mit deinem Ziel verbinden.

✦

3. Nachdem du dein Vision Board erstellt hast, überlass es dem Universum und bitte um seine Unterstützung. Sei empfänglich für alles, was danach zu dir kommt.

✦

4. Platzier dein Vision Board so, dass du es gut sehen kannst, und überleg dir ein kurzes Meditationsritual für jeden Tag.

Überprüfe dein Mindset

In diesem Kapitel erkundest du alte Geschichten aus deiner Vergangenheit, überholte Denkmuster und einschränkende Glaubenssätze in Bezug auf deine Ziele. Wir alle haben Zeiten, in denen uns das Hochstapler-Syndrom überkommt und in denen wir davon überzeugt sind, nicht gut genug oder klug genug zu sein. Damit bist du nicht allein. Du bist absolut in Ordnung, so wie du bist. Jeder Mensch hat ab und zu solche Gedanken. Entscheidend ist nur, wie man damit umgeht. Menschen, die ihre Ziele erreichen, sind nicht anders gestrickt als du. Sie haben nur gelernt, mit diesen Gefühlen umzugehen. Jetzt kannst du anfangen, neues Selbstvertrauen aufzubauen.

Frag dich Folgendes:

Wie lautet mein Ziel?

Welche Geschichten erzähle ich mir darüber?

Wodurch bremse ich mich selbst aus?

Welche neuen Ideen kann ich mir erträumen?

Auf welche Appelle zu innerer Arbeit achte ich?

Wie richte ich meine Gedanken auf mein Ziel aus?

Übung: Wie du durch positive Affirmationen deine Gedanken neu ausrichtest

An der Queen's University in Toronto haben Wissenschaftler*innen herausgefunden, dass der durchschnittliche Mensch etwa 6500 Gedanken pro Tag hat. Darin liegt eine Chance zum Manifestieren, die du für dich nutzen solltest. Dein Gehirn kann nicht zwischen Realität und Fantasie unterscheiden, es weiß nur, was du ihm erzählst. Deine Gedanken formen deine Welt, deshalb ist es so wichtig, sie bewusst wahrzunehmen.

Es mag sein, dass dein innerer Kritiker zu Hochtouren aufläuft, sobald du deine Gedanken und »Geschichten« beobachtest, und vergiss bitte nicht, dass du die Neuausrichtung sowohl in eine positive als auch eine negative Richtung lenken kannst. Richte deine Gedanken ganz bewusst neu aus, dann arbeiten sie für und nicht gegen dich und bringen deine Stärken zum Vorschein. Und so wird's gemacht:

Bewusstsein

Sei neugierig auf deine Gedanken. Beobachte sie jeden Tag (das erfordert Übung). Sobald du einen Gedanken »erwischt« hast, analysierst du ihn.

Klarheit

Frag dich: Führt mich dieser Gedanke zu meinem Ziel? (Du bist unsicher? Deine Sprache liefert dir Hinweise: Jeder Gedanke, der »Ich kann nicht«, »Ich werde nicht«, »Ich sollte« oder »niemals« enthält, schränkt dich ein.) Falls die Antwort Nein lautet – wie kannst du den Gedanken umformulieren?

Neu ausrichten

Formulier deinen Gedanken um in eine positive Aussage. Verwende dabei die Gegenwartsform, als ob deine Wünsche bereits Wirklichkeit geworden wären – ohne jegliche Einschränkungen. Denkst du zum Beispiel »Ich bin nicht kompetent genug, um einen gut bezahlten Job zu finden«, konzentrierst du dich auf das, was du nicht hast. Dafür ist dein Mangeldenken verantwortlich, und das blockiert deine Energie.

Wir überladen deshalb diese Aussage mit positiven Mitteilungen und versetzen uns selbst in einen Zustand der Zuversicht. Du tust so, als ob du dein Ziel bereits erreicht hättest. Verwende »Ich bin« statt »Ich werde«, »Ich will« oder »Ich wäre gern«. Denn du entwickelst dich von Moment zu Moment weiter. Sag also lieber »Ich bin«, zum Beispiel: »Ich bin hoch qualifiziert und verdiene einen Job, der mir alles ermöglicht, was ich haben will, und noch mehr.«

Fühl es

Scanne deinen Körper. Wie würde es sich anfühlen, wenn dieser Satz wahr wäre? Verkörpere diese Frequenz. Tauch in sie ein. Nimm sie in dich auf und spür sie in jeder einzelnen Zelle.

Gib diesen neuen Gedanken ans Universum weiter

Sprich ihn laut aus. Du bist die einzige Person, die ihn verwirklichen kann.

Eine Intention setzen

Wenn du dich darauf konzentrierst, was du nicht willst, wirst du dein altes Mindset nie los. Richte deine Intention auf etwas Positives aus, und deine Energie wird deinem neuen Fokus folgen.

Übung: So definierst du deine Intention

Für diese Übung brauchst du einen Stift und Papier.

1. Vergegenwärtige dir dein Ziel. Denk daran, flexibel zu bleiben. Intentionen bedeuten, dass du dich dem Universum anvertraust. Es ist möglich, dass das Gesetz der Anziehung dir etwas bringt, das weit über deine Träume hinausgeht – das solltest du dir nicht entgehen lassen, nur weil du zu unbeweglich in deinem Denken bist.

2. Schreib deine Intention auf. Zum Beispiel: »Ich bin selbstbewusst und durchsetzungsfähig.«

3. Was musst du tun, um dieses Ziel zu erreichen? Du könntest einen Kurs zum Thema Durchsetzungsvermögen besuchen oder einen Ratgeber darüber lesen, wie du mehr Selbstvertrauen gewinnst.

4. Reflektiere täglich über deine Intentionen. Das wird dir helfen, fokussiert zu bleiben und dich auf deiner heiligen Manifestationsreise emotional mit dem universellen Gesetz der Anziehung zu verbinden.

Deine Intention mit Handlungen verbinden

Mach dich bereit, eine unglaubliche Reise anzutreten. Jetzt ist es an der Zeit, aktiv zu werden und mit dem Universum zusammenzuarbeiten. Vertrau darauf, dass das Universum dich umarmt, unterstützt und mit dir zusammenarbeitet, während du dir überlegst, wie du deinen Traum verwirklichen kannst. Achte darauf, flexibel zu bleiben – denn wer weiß, wohin die Reise gehen wird? Wenn du ein großes Ziel verfolgst, kannst du es in kleinere Etappen einteilen.

Gibt es eine einzige Sache, die ich heute tun kann, um meine Intention zu unterstützen?

Welche Ziele kann ich mir setzen, die mir bei der Verwirklichung am meisten helfen werden?

Wer kann mir helfen? Mit wem kann ich reden?

Welche Ressourcen stehen mir zur Verfügung?

Was könnte mir in die Quere kommen oder mich aufhalten? Wie kann ich diese Hindernisse überwinden?

Auf welche Bereiche meines persönlichen Wachstums muss ich mich fokussieren?

Wie kann ich meine persönlichen Ressourcen (Unterstützung durch andere, Resilienz, Kompetenzen und Kenntnisse) erweitern?

Wie kann ich diese Maßnahmen in meinen Tagesablauf integrieren?

Setz dir SMARTE Ziele

spezifisch, **m**essbar, **a**ttraktiv, **r**ealistisch und **t**erminiert

Wenn du dir zum Beispiel vornimmst: »Ich will fitter werden«, ist das nicht positiv formuliert (»wollen« hat mit Mangeldenken zu tun), und das Ziel ist auch nicht SMART. Es ist nicht spezifisch und kann nicht gemessen werden. Lautet dein Ziel aber: »Ich bin fit, gesund und zufrieden mit meinem Körper«, kannst du die folgenden Aktionspunkte SMART gliedern:

Ich esse täglich fünf Portionen Obst und Gemüse.

✦

Ich verzichte jeden Montag auf Fleisch.

✦

Ich trainiere dreimal pro Woche 45 Minuten, und zwar am Montag, Mittwoch und Samstag.

✦

Ich führe jeden Tag für drei Minuten ein Visualisierungsritual durch und stelle mir meinen fitten, gesunden und glücklichen Körper vor – und diesen Zustand verkörpere ich auch wirklich.

Schreib deine Ziele auf und schließ mit einem Gebet ans Universum ab.

Ich vertraue mich dem Universum an. Danke, dass du mich von Anfang an auf dieser Reise begleitest.

Sobald sich etwas in deinem Leben verändert, werden auch deine Ziele eine grundlegend neue Ausrichtung erfahren. Je mehr Glaubenssätze du transformierst, die dich bisher gebremst haben (verabschiede dich von ihnen!), desto größere und mutigere Träume werden auftauchen. In einem Jahr wirst du die Person, die du vorher warst, kaum noch wiedererkennen, deshalb ist es nur logisch, dass du dich neu orientieren und deine Pläne entsprechend anpassen musst.

Nicht unsere Worte oder
Gedanken machen uns aus,
sondern unsere Taten.

JANE AUSTEN

Mit dem Universum zusammenarbeiten

Was immer du tun kannst oder träumst,
es zu können, fang damit an! Mut hat Genie,
Kraft und Zauber in sich.

JOHANN WOLFGANG
VON GOETHE

Manchmal bremsen wir uns selbst aus. Wir stehen uns im Weg, weil wir glauben, »noch nicht« bereit zu sein. Es ist eine reine Verzögerungstaktik, auf den Tag zu warten, an dem wir uns gut genug, klug genug, dünn genug … (ergänze die Lücken) fühlen. Ein urbaner Mythos. Dieser Tag wird nie kommen. Um von unserem jetzigen Standpunkt aus zu unserem Ziel zu gelangen, müssen wir für uns selbst da sein. Selbstkritik treibt dich nur ständig weiter weg von dem, was du manifestieren willst. Ein festgefahrenes Mindset sorgt für Unstimmigkeiten und verhindert, dass du weiterkommst.

Maßnahmen gegen toxische Selbstgespräche:

Atme dreimal tief durch.

Leg beide Handflächen auf deinen Herzraum.

Sprich mir nach: »Ich bin genug.«

Mystische Transformation ist nur möglich, wenn du Ja dazu sagst. Erteil deine Zustimmung. Um mit der wunderbaren, göttlichen Energie des Universums zusammenzuarbeiten, ist dieser erste Schritt notwendig. Dafür müssen wir tief in uns gehen und unsere Glaubenssätze, nicht gut genug zu sein, hinter uns lassen (sie sind sowieso nicht wahr). Bei dieser Zusammenarbeit mit dem Universum nutzt du dein höheres Bewusstsein, um unglaubliche Fülle in dein Leben einzuladen – und dann ins Handeln zu kommen. Begib dich auf deine einzigartige Reise und erlebe, wie die Kräfte des Universums sich verschwören, um dich beim Manifestieren zu unterstützen.

Arbeite an deinem Manifestationsmindset

Eine positive Denkweise ist durchlässig und zieht ebenso Chancen wie Beziehungen an. Dank deines Manifestationsmindsets ist dir bewusst, dass Veränderungen nicht sofort eintreten. Sei auf deiner Manifestationsreise offen für alles, was das Universum dir sendet, und halte nicht starr an deiner Vorstellung fest, was geschehen sollte.

Das menschliche Gehirn tendiert zu negativen Sichtweisen. Das hat unseren Vorfahren geholfen, Gefahren zu umgehen, und ihnen das Überleben gesichert, doch diese Haltung kann sich auch gegen uns richten. Das Gehirn ist ein großartiges Hilfsmittel, wir müssen nur wissen, wie wir es einsetzen können. Wie auf jeder Reise gibt es auch beim Manifestieren Höhen, Tiefen und Hindernisse. Es braucht Zeit, um Denkmuster neu zu verdrahten, und ganz bestimmt erlebst du Momente, in denen du in dein bisheriges begrenztes Denken zurückfällst. Das ist völlig in Ordnung. Wenn dir das passiert, kannst du dein Energiefeld aufladen, indem du deine positive Schwingung erneuerst und aufrechterhältst.

Wenn du schon einmal ein Ziel verfolgt hast und dich unterwegs deine Kräfte im Stich gelassen haben, weißt du, wie Energie ist.

Übung: Lade dein Energiefeld auf

Wenn du dich dem Flow dieser Übung gegenüber öffnest, hilft dir das beim Manifestieren. Erde dich vorher, das zentriert dich, und du fühlst dich ruhiger und sicherer. Gleichzeitig baust du eine Verbindung zu den schöpferischen Energien des Universums auf und verbindest dich mit deiner Bestimmung.

Führ täglich ein Energieritual durch, um dich zu erden. Wähl eines der folgenden Rituale aus, dann kannst du loslegen.

Such dir einen Ort für deine Meditation und werde ganz still und ruhig. Hör auf deine innere Führung, auf Botschaften des Universums und geh den nächsten Schritt auf deinem Schicksalsweg.

Trag deine Gedanken, Gefühle und Inspirationen jeden Tag in ein Journal ein. Integriere diese Routine in deinen Tagesablauf.

Erde dich körperlich. Du stehst aufrecht und stellst dir vor, dass aus deinen Füßen Wurzeln wachsen, die weit hinab in die Erde reichen. Stell dir vor, wie sie immer tiefer wachsen – vorbei an Baumwurzeln, Gestein und dem feuchten Erdreich bis hinab zum Herzen von Mutter Erde. Fühl die Verbindung mit dieser göttlichen Liebe, die dich hält und unterstützt.

Geh spazieren und verbinde dich mit der Natur. Lausch dem Gesang der Vögel, dem Wind und dem Rascheln der Blätter.

Finde ein Bild, ein Wort oder einen Satz, das oder der dir als Anker dient.

Ich werde geliebt.
Ich bin ein Kind des Universums.

Die 3-6-9-Methode

Diese Methode wird dem serbisch-kroatischen Erfinder und Physiker Nikola Tesla (1856–1943) zugeschrieben, der den Zahlen 3, 6 und 9 eine fundamentale universelle Bedeutung beimaß. Das numerische Muster der Zahlen 3, 6 und 9 wiederholt sich in Mathematik, Kunst und Natur und im Universum. Mithilfe der 3-6-9-Methode fokussierst du dich jeden Tag mehrfach auf dein Ziel, um es durch die Wiederholung im Unterbewusstsein zu verankern. Denk daran, dass die Energie unserer Aufmerksamkeit folgt – durch die 3-6-9-Methode richtest du dich intensiv darauf aus.

Schreib dein Ziel auf oder sprich es laut aus, zum Beispiel: »Ich wünsche mir einen liebevollen Partner, eine liebevolle Partnerin, der/die meine Ziele teilt und unterstützt.« Diesen Satz wiederholst du dreimal am Morgen, sechsmal am Nachmittag und neunmal am Abend. Wende die 3-6-9-Methode 45 Tage lang an. Stell dir einen Wecker, bis du sie als Routine in deinen Tagesablauf integriert hast.

Tarot

Viele Menschen haben Bedenken, Tarotkarten zu legen. Das liegt an vielen falschen Vorstellungen und Mythen, die darüber kursieren. Die Kartendeutung ist eine uralte esoterisch-spirituelle Methode, die wir aus vielen Kulturen kennen. Die ältesten Tarotkarten stammen aus dem 15. Jahrhundert. Betrachte die Karten als Hilfsmittel, um deine Gedanken zu fokussieren und ein bestimmtes Ziel oder Thema, das du manifestieren möchtest, mithilfe göttlicher Inspiration zu klären.

Es gibt unzählige Tarot-Decks mit wunderschönen Illustrationen der Symbole und Archetypen, die sich zum Teil sehr voneinander unterscheiden. Die meisten Decks beziehen sich aber auf den beliebten Rider-Waite-Tarot aus dem Jahr 1909. Ein Tarot-Deck besteht aus 78 Karten, die sich aus den 22 Karten der Großen Arkana (Trumpfkarten) und den 56 Karten der Kleinen Arkana zusammensetzen. Orakel-Decks hingegen umfassen beliebig viele Karten. Such dir ein Karten-Deck aus, zu dem du dich intuitiv hingezogen fühlst.

Übung: Eine Karte ziehen

Um dich mit den Karten vertraut zu machen, kannst du zunächst mal eine Karte ziehen, etwa um eine kurze Antwort auf eine Frage zu erhalten. Du kannst nach allem fragen, was in deinem Leben ansteht, um Erkenntnisse über deine persönliche Entwicklung, deine Beziehungen und deinen Beruf zu gewinnen, oder einfach nur, um dir darüber klar zu werden, worauf du heute oder im nächsten Monat deinen Fokus legen sollst. Es ist deine Entscheidung.

1. Denk an eines deiner Manifestationsziele und verbinde dich mit deiner inneren Weisheit. Stell eine offene Frage, etwa: »Worauf soll ich mich bei diesem Ziel konzentrieren?« Oder: »Was muss ich über dieses Ziel wissen?« Du wirst bessere Ergebnisse erzielen, wenn du Fragen vermeidest, die nur mit Ja oder Nein beantwortet werden können. Schreib deine Frage auf ein Blatt Papier und leg es beiseite.

2. Entspann dich und lass alle selbstkritischen Gedanken über dein Thema los, ebenso all deine vorgefassten Meinungen über dein Ziel. Meditier über deine Frage und misch die Karten.

3. Traditionell wird das Deck nach dem Mischen in zwei Hälften geteilt. Du kannst die beiden Hälften wieder aufeinanderlegen oder in zwei getrennten Stapeln belassen.

4. Zieh intuitiv irgendeine Karte, zu der es dich hinzieht. Du musst nicht versuchen, eine Antwort zu erzwingen. Verbinde dich mit deiner Intuition und deiner inneren Weisheit, um die Karte zu deuten. Es gibt keine richtigen oder falschen Antworten. Bleib bei dir und nimm wahr, was sich dir zeigen will.

5. Welchen ersten Eindruck hast du von der Karte, die du gezogen hast, und was spürst du, wenn du sie anschaust? Falls du zum Beispiel den Magier in den Händen hältst: Welche Details des Kartenbildes fallen dir auf? Empfindest du Freude, inneren Frieden oder Aufregung, wenn du die Karte betrachtest?

Es ist nie zu spät,
das zu werden,
was man hätte sein können.

GEORGE ELIOT

Übung: Legung mit drei Karten

Bevor du die Karten ziehst, überlegst du dir, mit welchem Legesystem du die Karten befragen willst. Entscheide dich je nach deiner Fragestellung oder deinem Thema für eines der zahlreichen Legebilder. Jedes hat seine ganz eigene Dynamik. Ein Begleitbuch erklärt dir die Bedeutung der einzelnen Karten und die Informationen, die sie dir liefern. Es gibt viele verschiedene Legesysteme, aber wir beginnen mit einer einfachen Legung mit drei Karten.

1. Kreiere einen heiligen Raum, in dem du arbeiten kannst. Das sollte ein ruhiger Ort sein, an dem du ungestört bist. Erde dich so, wie es dir guttut, sei es durch eine Meditation, eine Entspannungstechnik oder Musikhören. Entspann dich und lass alle Gedanken los, damit eine ruhige, neutrale und aufnahmefähige Energie entstehen kann.

2. Denk an dein Ziel oder Thema. Überleg dir drei miteinander zusammenhängende Fragen dazu. Wenn sich deine Frage zum Beispiel um deine berufliche Karriere dreht, könnten die Fragen lauten:

Was ist der Sinn meines Lebens?

Welche Begabungen habe ich?

Was muss ich entwickeln?

3. Misch das Deck und teil es in zwei Hälften. Zieh intuitiv drei Karten (du siehst nur die Rückseiten) und leg sie nebeneinander.

Karte eins = Was ist der Sinn meines Lebens?

Karte zwei = Welche Begabungen habe ich?

Karte drei = Was muss ich entwickeln?

4. Dreh eine Karte nach der anderen um. Frag dich: Was fällt mir auf? Wie fühle ich mich? Was sagt mir meine Intuition als Antwort auf meine Frage? Nutz alle Sinne, um in dich hineinzuhören. Wenn du dich mit den Karten nicht auskennst, findest du die Bedeutung der Karten im Begleitbuch oder online erklärt. Denk bei der Deutung jeder Karte an deine Fragen.

5. Schreib dir die Bedeutung jeder Karte auf. So gelangst du zu deiner ganz persönlichen Kartendeutung, die dir auf deiner weiteren Manifestationsreise hilft.

Verbinde dich mit deinem Seelenbegleiter

In der Tradition der alten keltischen Weisheitslehre gelten Seelenbegleiter als spirituelle Helfer der geistigen Welt, die den Menschen auf seinem Lebensweg beschützen und unterstützen. Sie können sich in jeder natürlichen Form zeigen: Pflanzen, Bäume, Steine, Seen, Flüsse, Berge, Elemente oder Tiere. Dein Seelenbegleiter ist an deiner Seite, um dir zu helfen, dein Potenzial zu erkunden und zu entwickeln. Es handelt sich dabei um eine besondere Beziehung. Seelenbegleiter zeigen sich dir in Meditationen, als Gefühl, in Visionen, Träumen oder auf schamanischen Reisen.

Die Beziehung zu deinem Seelenbegleiter hat heilende Energie. Mit seiner Hilfe verbindest du dich mit deiner inneren Kraft und mit der Version deiner selbst, zu der du dich weiterentwickelst. Dein Seelenbegleiter unterstützt dich dein ganzes Leben lang, nicht nur beim Manifestieren. Du wirst feststellen, dass er ein großartiger Lehrer ist, der dir deine Schattenseiten oder Blockaden aufzeigt, an denen du arbeiten musst, um deine Ziele zu verwirklichen. Eine Beziehung zu deinem Verbündeten aufzubauen, während du manifestierst, wird dir helfen, aus eigener Kraft weiterzukommen und dein Schicksal neu zu gestalten.

Übung: Verbinde dich mit deinem lichtvollen Seelenbegleiter

Es kann sein, dass dein Seelenbegleiter dir ganz überraschend begegnet. Denn nicht du wählst diesen lichtvollen Helfer der geistigen Welt aus, sondern er sucht dich auf. Vergiss alle deine Vorstellungen und sei bereit, dich von der geistigen Welt überraschen zu lassen.

1. Führ ein Seelenbegleiter-Journal und schreib deine Intention auf, dich mit deinem Seelenbegleiter verbinden zu wollen.

2. Such dir in der Natur oder in deiner Wohnung einen sicheren, ruhigen Ort, an dem du nicht gestört wirst.

3. Mach es dir bequem. Entspann dich und schließ deine Augen, wenn du magst.

4. Visualisiere einen Ort in der Natur, an dem du dich wohl- und geborgen fühlst. An diesem Ort beginnt deine Reise. Vor dir siehst du einen heiligen Pfad, den du entlanggehst, und du spürst, wie sich deine Füße mit der Erde verbinden. Du erreichst einen wunderschönen Wald und riechst den Duft der Tannennadeln. Der Wald ist von sanften Hügeln umgeben. Du betrittst eine friedliche Lichtung.

5. Setz dich ins Gras und bitte deinen Seelenbegleiter, nun zu dir zu kommen. Nimm deine Umgebung mit allen Sinnen wahr. Wenn sich ein Wesen nähert, fragst du: »Bist du mein Seelenbegleiter?« Wenn die Antwort Nein lautet, ist das in Ordnung. Warte noch eine Weile. Hörst du ein Ja, dann frag das Wesen, ob es eine Nachricht für dich hat.

6. Sobald das Gespräch beendet ist, gehst du zusammen mit deinem Seelenbegleiter auf dem heiligen Pfad zurück. Es ist auch in Ordnung, wenn kein Seelenbegleiter auftaucht. Dann mach dich an einem anderen Tag noch einmal auf den Weg. Denk daran, dass es sich um einen Prozess handelt, der Zeit braucht – es kann sein, dass noch kein Seelenbegleiter für dich vorgesehen ist.

7. Halt deine Begegnung und die Details deiner Reise in deinem Journal fest. Vielleicht bemerkst du Zeichen deines Seelenbegleiters in deinem Alltag – falls dir etwas auffällt, notiere auch diese.

8. Entwickle eine persönliche Beziehung zu deinem Seelenbegleiter und arbeite regelmäßig mit ihm zusammen, um zu erfahren, was er dich lehren will.

Der Anfang ist
immer heute.

MARY WOLLSTONECRAFT

Vollmondrituale

Großmutter Mond unterstützt dein persönliches Wachstum und deine Kreativität. Betrachte den Vollmond als energetisches Kraftwerk zum Manifestieren. Die Vollmondphase ist eine äußerst kraftvolle Zeit, um dich mit dem Universum zu verbinden und neue Intentionen zu setzen. Eine Phase der Befreiung, der Reinigung, des Loslassens, des Empfangens und des Danks an die höchste Göttinnenenergie. Eine Zeit des Empowerments.

Übung: Vollmond-Feuerzeremonie

Eine Feuerzeremonie ist ein heiliges Ritual. Eine Vollmond-Feuerzeremonie ist besonders wirkungsvoll, um Ängste, Selbstkritik und alles andere loszulassen, das dir nicht mehr dient. Die Zeremonie klärt nicht nur, sondern ist auch eine monatlich wiederkehrende Möglichkeit zur Manifestation, um neue Gedanken, Gefühle und Verhaltensweisen einzuladen und eine tiefe und dauerhafte Transformation herbeizuführen.

Eine Vollmond-Feuerzeremonie im Freien, im Blickfeld des Mondes, entfaltet eine ganz besondere Dynamik. Falls du keinen passenden Ort findest, kannst du die Zeremonie auch drinnen mit einer Kerze durchführen.

Das brauchst du …

… für die Zeremonie drinnen: eine Kerze, ein Feuerzeug und entweder Cocktailspieße oder Streichhölzer.

… für die Zeremonie im Freien: ein Feuerzeug, drei Stöcke und einen Metallbehälter für dein Feuer. Ein Grill zum Mitnehmen oder eine Aluminium-Grillschale eignen sich gut dafür. Überprüf, ob der Ort, den du dir ausgesucht hast, für ein Feuer geeignet ist.

Stell einen Eimer mit Wasser bereit, um das Feuer zu löschen.

Leg deine Intention für die Zeremonie fest

Was willst du loslassen? Alte Verletzungen? Selbstzweifel? Die Meinung der anderen? Wut? Gibt es etwas, von dem du dich verabschieden oder das du vergeben möchtest? Muss etwas in dir heil werden?

Ich lasse los.

Was würdest du gern in dein Leben einladen? Neue Motivation für deine Ziele? Mehr Schwung? Inspirierende Erkenntnisse? Wichtige Verbindungen? Gibt es etwas, das du dir für deine Gemeinschaft oder für die Erde wünschst?

Ich lade ein.

Wofür bist du dankbar? Für deine Erfolge? Für die Unterstützung, die du vom Universum erhalten hast? Für deine Erkenntnisse?

Ich bin dankbar.

1. Nimm die kraftvolle, weibliche Energie des Mondes in dir auf: sein intensives, heilendes silbernes Licht, das dich erleuchtet. Atme die kühle Nachtluft ein. Entspann dich. Öffne dich für jede Lektion, die der Mond für dich bereithält. Nimm wahr, wie du in einen tieferen Bewusstseinszustand gelangst.

2. Beobachte respektvoll das Flackern und Leuchten des Feuers. Verbinde dich mit der in dir innewohnenden Energie, während du ins Feuer schaust. Bleib eine Weile sitzen.

3. Wenn du spürst, dass es an der Zeit ist, nimm einen deiner Stöcke. Nimm ihn in deine Hände, setz ihn an deinen Mund und blase hinein, wofür du dankbar bist. Dann übergibst du den Stock dem Feuer. Dank dem Universum für die Unterstützung deiner Entwicklung.

4. Nimm den nächsten Stock, setz ihn an deinen Mund und blase hinein, was du loslassen möchtest. Übergib ihn danach dem Feuer.

5. Nimm den letzten Stock, setz ihn an deinen Mund und blase hinein, was du in dein Leben einladen möchtest. Leg den Stock als Opfergabe für Mutter Erde ins Feuer.

6. Bleib so lange beim Feuer, bis nur noch die Glut schwelt. Wenn dir das nicht möglich ist, lösch die Glut mit dem Wasser (oder blas die Kerze aus, wenn du im Haus bist). Bedank dich beim Feuer, bevor du gehst.

Manifestieren mithilfe der Chakren

Chakren sind die feinstofflichen Energiezentren in deinem Körper. Das Wort »Chakra« wird im Sanskrit »tscha-krah« ausgesprochen und bedeutet »sich drehendes Rad« oder »Wirbel«. Acht Hauptchakren liegen in der Mitte des Körpers, die entlang der Wirbelsäule von der Basis bis nach oben über dem Scheitel verlaufen. Jedes Chakra öffnet sich zur Vorder- und Rückseite des Körpers. Man kann Chakren weder sehen noch anfassen, doch man spürt einen deutlichen Unterschied, wenn sie sich im Einklang befinden. Wenn das der Fall ist, strömt Prana – die universelle Lebensenergie – ungehindert durch den Körper. Viele Kulturen haben erkannt, dass Hunderte von Chakren und Energiemeridianen im Körper vorkommen – es gibt aber nur acht Hauptchakren.

Die acht Hauptchakren

8. **Seelenchakra (Murdhanta):** Weiß. Geistige Verbindung zum Universum, Sitz der Seele.

7. **Kronenchakra (Sahasrara):** Weiß oder Violett. Verbindung zur Spiritualität und Bestimmung.

6. **Stirnchakra, Drittes Auge (Ajna):** Indigo. Mit Intuition und Instinkt verbunden.

5. **Kehlchakra (Vishuddha):** Blau. Mit Kommunikation und der Kraft des Manifestierens verbunden.

4. **Herzchakra (Anahata):** Grün. Mit Liebe, Mitgefühl, Vergebung und Intimität verbunden.

3. **Solarplexuschakra (Manipura):** Gelb. Verantwortlich für Selbstvertrauen, Selbstwertgefühl und Sicherheit.

2. **Sakralchakra (Svadhisthana):** Orange. Mit Kreativität, Vergnügen und Gefühlen verbunden.

1. **Wurzelchakra (Muladhara):** Rot. Verantwortlich für das Gefühl von Sicherheit, Vertrauen und Erdung.

Kommt der Fluss der heilenden Lebensenergie, des Prana, ins Stocken, etwa durch sorgenvolle Gedanken, traumatische Lebensereignisse, Erinnerungen oder Emotionen, geraten die Chakren aus dem Gleichgewicht und sie drehen sich nicht mehr. Das wirkt sich negativ auf den Gesamtzustand aus.

Durch Meditation, Yoga und Visualisierung kann aber das Gleichgewicht wiederhergestellt werden. Sind die Chakren frei und rein, befinden sich Geist, Körper und Seele im Einklang. Sei dir der Bedeutung deiner Energiezentren und der frei fließenden Lebensenergie für dein körperliches und seelisches Wohlbefinden bewusst. Sind die Chakren aktiviert, wirst du spüren, wie sich deine Energie und dein geistig-seelisches Potenzial steigern, genau wie deine Fähigkeit zu manifestieren.

Übung: Chakrenausgleich durch Visualisieren

Mit dieser Meditation aktivierst du dein energetisches Potenzial, indem du deine Chakren klärst und reinigst.

1. Steh mit beiden Füßen auf dem Boden. Atme aus und stell dir vor, wie aus deinen Fußsohlen silberne Wurzeln bis tief in die Erde wachsen. Sie winden sich um Baumwurzeln und bewegen sich am Gestein vorbei, während sie immer tiefer in die Erde reichen und dich erden.

2. Visualisiere eine wunderschöne weiße Blüte etwa fünf Fingerbreit über deinem Scheitel. Stell dir vor, wie sie sich zu einer wunderschönen Lotusblüte öffnet. Das ist dein Seelenchakra, das dich mit dem Universum verbindet.

3. Richte deine Aufmerksamkeit auf deinen Scheitel. Visualisiere eine vielblättrige weiße oder violette Blüte. Das ist dein Kronenchakra. Beobachte, wie sie sich öffnet, bis sich jedes einzelne Blütenblatt entfaltet hat.

4. Richte deinen Fokus nun auf deine Stirn. Hier visualisierst du eine indigoblaue Blüte, die ihre Blütenblätter öffnet. Das ist dein Stirnchakra.

5. Richte deine Aufmerksamkeit auf deine Kehle. Visualisiere eine hellblaue Blüte, die sich öffnet. Das ist dein Kehlchakra.

6. Geh mit deiner Aufmerksamkeit in deinen Herzraum und visualisiere, wie sich eine grüne Blüte zu entfalten beginnt. Das ist dein Herzchakra.

7. Geh nun zu deinem Solarplexus. Du siehst, wie sich die Blätter einer gelben Blüte entfalten. Das ist dein Solarplexuschakra.

8. Als Nächstes siehst du eine orangefarbene Blüte, die sich direkt unter deinem Nabel öffnet – dein Sakralchakra.

9. Schließlich gehst du zur Basis deiner Wirbelsäule und beobachtest, wie sich dort eine rote Blüte öffnet. Das ist dein Wurzelchakra.

10. Kehr zurück zur weißen Lotusblüte über deinem Scheitel. Das ist dein achtes Chakra. Stell dir vor, wie reines, strahlend weißes heilendes Licht aus dem Universum nach unten strömt. Atme ein und spür, wie das Licht durch die weiße Lotusblüte in dein Kronenchakra fließt.

11. Folg dem Lichtstrahl, während er ein Chakra nach dem anderen erhellt: dein Kronen-, Stirn-, Kehl-, Herz-, Solarplexus-, Sakral- und Wurzelchakra. Du spürst, wie er sanft in jedes Chakra strömt, darin zirkuliert und jede Zelle deines Körpers mit seiner heilenden Energie durchdringt. Das Licht dehnt sich aus und sammelt sich in jedem einzelnen Chakra, bis es voll ist und überläuft.

12. Trifft das Licht auf stagnierende Energie, durchdringt es sie sanft und löst alles auf, was dir nicht mehr dient.

SAMHAIN
31. Oktober–1. November
JULE
21. Dezember
IMBOLC
1.–2. Februar
OSTARA
20.–23. März
BELTANE
30. April–1. Mai
LITHA
21. Juni
LUGHNASADH
1. August
MABON
21.–23. September

Der keltische Jahreskreis

Der keltische Jahreskreis, auch Rad des Lebens oder heiliger Kalender genannt, befolgt den Zyklus der Jahreszeiten. Dieses uralte Symbol für den Lebenskreis wird von vielen verschiedenen Kulturen verehrt. Die immer wiederkehrenden magischen Rituale und Zeremonien der Jahresfeste mit ihren universellen und persönlichen Energien begleiten, heilen und stabilisieren deine Seele auf ihrer Lebensreise. Du kannst durch sie Freude und Seelenfrieden erlangen und dich mit deinem höchsten Potenzial verbinden.

Die vier Quadranten des Rades stehen für

die vier Jahreszeiten,

die vier Himmelsrichtungen,

die vier Elemente Feuer, Wasser, Wind und Erde und

die vier Lebensphasen.

Das Rad verbindet uns mit der Erde, mit den Elementen, den Jahreszeiten und dem göttlichen Universum, und während wir jede der einzelnen Stationen durchlaufen, gewinnen wir an Erfahrung. Während es unsere Intentionen stärkt, symbolisiert es den Kreislauf des Lebens und die vier Aspekte menschlichen Seins: die spirituelle, emotionale, psychologische und physische Ebene unserer Existenz. Beim Manifestieren sollten diese persönlichen Aspekte im Gleichgewicht sein.

Übung: Bau dein Jahresrad

Stell dir das Rad wie eine Landkarte vor, als Weg der Weisheit und Erfahrungen hin zu deinem authentischen Selbst. Mit dieser Übung verfolgst du drei Ziele.

Einen heiligen Raum schaffen, der dich mit dem Universum verbindet.

✦

Dich selbst, deine Motivation, Stärken, Entwicklungsbereiche und Bestimmung verstehen, während du sie bearbeitest.

✦

Einen Ort schaffen, an dem du dich mit deiner göttlich geführten Weisheit verbinden kannst.

Sammle Steine und leg einen Kreis damit aus. Er sollte so groß sein, dass du darin sitzen oder gehen kannst. Benutz einen Kompass oder eine App, um herauszufinden, wo Norden, Süden, Westen und Osten liegt. Leg für jede der vier Richtungen einen eigenen Abschnitt an.

Norden/Winter = innere Landschaft
Zeit für Regeneration, Planung, neue Intentionen und Ziele

Osten/Frühling = Aussaat
Neubeginn, Zeit der Selbstfürsorge

Süden/Sommer = Zeit der Fülle und des Lichts
Dankbarkeit für positive Veränderungen und Loslassen von Dingen, die nicht mehr gebraucht werden

Westen/Herbst = Ruhe und Erneuerung
Dankbarkeit für deine Seelenreise

Zentrier dich. Bring dich in Einklang mit der Natur.

Geh oder steh in Richtung Norden/Winter

Verbinde dich mit der besinnlichen Energie des Nordens. Was kannst du im Norden über deine innere Landschaft erfahren? An welchen Veränderungen willst du innerlich arbeiten? Was brauchst du nicht mehr, wenn du manifestierst? Welche neuen Intentionen und Ziele willst du während der Zeit der Regeneration und Kreativität verwirklichen? Es ist an der Zeit, mit der Planung zu beginnen.

Verbinde dich mit der Frühlingsenergie des Ostens

Welche Botschaften findest du hier für dich? In diesem Abschnitt legst du den Samen für dein Leben, um deinen Manifestationsprozess fortzusetzen. Wie kannst du für dich selbst sorgen? Willst du deine Ernährung umstellen, mehr Sport treiben oder dir mehr Auszeiten gönnen, um neue Energie zu tanken? Du könntest mehr Zeit in der Natur verbringen und dich mit Mutter Erde verbinden, oder beten, singen, Zeremonien oder Rituale durchführen. Vielleicht willst du auch etwas Liebe in den Boden des Universums einpflanzen, indem du dich ehrenamtlich engagierst, anderen Gutes tust oder einen Beitrag für den Umweltschutz leistest. Es ist Teil des universellen Gleichgewichts und folgt dem Gesetz der Gegenseitigkeit, etwas zurückzugeben. Man erntet, was man sät.

Wenn du den Osten abgeschlossen hast, sitz oder steh in Richtung Süden/Sommer

Verbinde dich mit der reichlich vorhandenen Energie. Hat sie eine Botschaft für dich? Frag dich: Was habe ich erreicht? Wie bleibe ich in Verbindung mit meiner Seelenreise? Gibt es Verhaltensmuster, die ich loslassen möchte? Blockaden, die ich durchbrechen möchte? Wichtige Aspekte des Südens könnten sein: klare Grenzen ziehen, bewusst leben und zu dir selbst stehen.

Wende dich der herbstlichen Energie des Westens zu

Wie fühlt es sich hier an? Denk über Ruhe und Erneuerung nach und wie du dein emotionales Gleichgewicht beibehältst. Erarbeite zum Beispiel eine Strategie für den Fall, dass die Dinge nicht nach Plan verlaufen. Setz dich mit Resilienz und deinem Mindset auseinander, um deine heilige Reise zu würdigen und auf deinem Weg zu bleiben.

Mit den Elementen des Rades arbeiten

In Verbindung mit den Elementen kannst du das Rad im Einklang mit deiner inneren Reise kennenlernen. Du kannst es beliebig oft durchlaufen, denn es hat keinen Anfang und kein Ende, sondern verkörpert eine lebenslange Reise, einen unendlichen Kreislauf. Bei jeder Reise lernst du etwas Neues: über dich selbst, die Welt und den Geist des Universums, der im Zentrum des Rades ruht.

Norden/Erde

Dieses Element steht für Fülle, Erdung und Weisheit. Überleg dir, wie du dich erdest. Mit wem und was bist du verbunden? Unterstützt das deine Ziele? Hast du eine solide, gedeihliche Grundlage? Bietest du diese auch anderen Menschen an? Erkenn im Laufe deiner persönlichen Entwicklung deine innere Weisheit an und tritt ein in deine ganze Kraft.

Osten/Luft

Dies ist der Bereich der Erkenntnis. Verbinde dich tief mit diesem Leben spendenden Element. Hast du Klarheit über deine Ziele? Ist deine äußere Welt Ausdruck deiner Innenwelt? Entsprechen deine Gedanken, Worte und Handlungen der Energie, die du kreieren willst?

Süden/Feuer

Hier geht es um Transformation, Spiritualität und Leidenschaft. Auf dem Weg durch dieses uralte universelle Mandala verbindest du dich mit dem Kosmos. Wofür kannst du dich begeistern? Was ist der Sinn deines Lebens? Wie kannst du ihn stärken und seine Flamme zum Leuchten bringen? Übergib alte Gewohnheiten voller Dankbarkeit dem Feuer. So befreist du dich von ihnen, transformierst dich und lässt dein Licht in der Welt erstrahlen.

Westen/Wasser

Hier befindet sich der Bereich der Gefühle, der Intuition und des Mitgefühls. Leg die Saat für deine zukünftigen Ziele, indem du die Wahrnehmung deiner Gefühle sensibilisierst. Hör zu, was sie dir mitteilen, und urteile nicht. Werd still und lausch dem Flüstern deiner Intuition. Was sagt sie dir? Bist du im Flow oder wäre es besser, deine Ziele an deine persönliche Entwicklung anzupassen?

Danke dem Universum, bevor du dein Rad verlässt. Such die Elemente auf, wann immer du neue Energie tanken oder über etwas Neues auf deiner Manifestationsreise nachdenken musst.

Dankbarkeit kultivieren

Wertschätzung für alles, was du bereits für deinen weiteren Weg hast, ist entscheidend für deine Manifestation. Untersuchungen haben gezeigt, dass täglich praktizierte Dankbarkeitsübungen nicht nur das eigene Wohlbefinden steigern, sondern auch eine positive Einstellung fördern. Auch wenn du deine Ziele nicht über Nacht erreichst (und das wird wohl auch nie der Fall sein), ist es wichtig, dem Universum täglich für jeden einzelnen Schritt zu danken.

Übung: Ein Dankbarkeitstagebuch führen

Forscher*innen der Penn University in den USA haben herausgefunden, dass ein regelmäßig geführtes Dankbarkeitstagebuch das Wohlbefinden verbessert und eine optimistische Lebenseinstellung fördert. Diese Eigenschaften sind sehr wichtig für deine Manifestationsreise. Hier erfährst du, wie du Dankbarkeit besser kultivieren kannst.

Führ ein Dankbarkeitstagebuch. Nimm dir vor, jeden Tag darin zu schreiben, und halte dich daran.

Dein Dankbarkeitstagebuch ist etwas sehr Persönliches, denn darin zeichnest du deinen Entwicklungsweg auf. Schreib jeden Abend drei Dinge auf, für die du dankbar bist. Das können tolle Neuigkeiten sein (»Ich wurde befördert!«) oder kleine Dinge (»Heute schien die Sonne«).

Schreib konkrete Erlebnisse auf. Sind dir heute besonders nette Menschen begegnet, die freundlich und rücksichtsvoll dir gegenüber waren? Erinnere dich beim Schreiben an solche Momente und koste sie richtig aus.

An Tagen, an denen es dir schlecht geht, ist es noch wichtiger, in dein Tagebuch zu schreiben.

Achtsam manifestieren

Konzertiert zu bleiben, ist das A und O des Manifestierens. Tiefgreifende Veränderungen erfordern deine ganze Aufmerksamkeit. Mit Achtsamkeit bist du ganz im gegenwärtigen Moment und nimmst bewusst wahr, was gerade geschieht. Je achtsamer du bist, desto aufmerksamer bist du für subtile Veränderungen oder zufällige Begegnungen.

Durch Achtsamkeit kannst du zudem lernen, dich selbst weniger zu kritisieren, freundlicher und mitfühlender mit dir umzugehen und dich nicht mehr so schnell zu verurteilen, wenn die Dinge nicht so laufen, wie du es geplant hast. Es passiert sehr schnell, dass wir nicht mehr aus der Spirale der negativen Gedanken herausfinden, die unsere Versagens- und Mangelgefühle noch verstärken. Viele wachsen in der Überzeugung auf, nicht gut genug zu sein. Jeder Fehlschlag liefert uns die Bestätigung dafür, dass wir zu dumm, zu dick, unfähig oder was auch immer sind, und dann zerfleischen wir uns wieder mal selbst.

Die folgende Meditation soll dich wieder zu dir selbst führen, wenn du unsicher bist. Du bist genau richtig, so wie du bist. Und was ist mit Fehlschlägen? Nimm sie einfach als neue Information für deine weitere Reise.

Übung: Achtsame Meditation der Selbstliebe

Vielleicht möchtest du diese Meditation am liebsten überspringen – viele schrecken vor dem Konzept der Selbstliebe zurück. Vielleicht fühlst du dich schon unwohl, wenn du nur das Wort hörst, findest es ein bisschen unangenehm, oder du willst einfach kein*e Narzisst*in sein. Dabei haben die meisten genau das gegenteilige Problem: Wir lieben uns einfach nicht genug. Vergleich diesen Zustand mit einem leeren Topf – daraus kannst du nichts schöpfen. Was du nicht hast, kannst du auch nicht geben. Wenn wir lernen, uns selbst zu lieben, alte Wunden zu heilen und alles an uns zu akzeptieren, ist das ein radikaler Schritt, der noch mehr Liebe und Heilung in die Welt bringt. Und wenn du Selbstliebe in die Manifestation einbringst, dann gelangst du wieder in deinen Naturzustand.

1. Entspann dich. Schließ deine Augen, wenn dir das angenehm ist. Konzentrier dich auf deinen Atem und atme langsam ein und aus. Spür das Heben und Senken deines Bauches.

2. Leg den Samen für eine Landschaft der inneren Ruhe. Leg deine Hand auf deine Herzgegend. Spür die Wärme und Unterstützung deiner Hand. Nimm das beruhigende, nährende Gefühl dieser Wärme wahr.

3. Setz dich hin und lenk dein Bewusstsein auf das, was du in diesem Moment brauchst. Verbinde dich mit der kraftvollen Energie und Liebe des Universums. Schenk dir selbst den Segen der Dankbarkeit, Liebe und Vergebung. Atme aus und sprich:

Ich bin genug.

Wenn die Dinge nicht so laufen
wie geplant, nutze ich es als Chance.

Ich glaube an mich und meine Fähigkeiten.

Ich bin dankbar für die Lektionen,
die mich hierhergeführt haben.

Ich bin zuversichtlich.

Ich bin wertvoll.

Ich habe positive Gedanken.

Ich vertraue meiner Intuition.

Ich lade Gutes in mein Leben ein.

Ich lasse Selbstverurteilung und
Vergleiche mit anderen los.

Ich bin liebevoll und freundlich zu mir selbst.

Ich kreiere mein eigenes Schicksal.
Jeden. Einzelnen. Tag.

Mit Kristallen manifestieren

Kristallen werden metaphysische Heileigenschaften und Schutzkräfte zugeschrieben. Jeder Kristall hat seine eigene Schwingungsenergie. Kristalle können dazu verwendet werden, negative Energien zu reinigen, für Schutz, Heilung und gute Energien. Sie können auch zur Heilung und Unterstützung der Chakren eingesetzt werden. Wenn du die Intention hast, etwas in einem bestimmten Bereich zu manifestieren – zum Beispiel eine neue Partnerschaft anzuziehen –, kann ein Crystal Grid deine Intention verstärken. Außerdem kannst du einen Kristall in deine Meditationspraxis miteinbeziehen.

Bevor du Kristalle kaufst, erde dich. Atme ein paarmal tief durch und setz die Intention, den richtigen Kristall für das zu finden, was du manifestieren willst. Vielleicht fühlst du dich zu einem bestimmten Kristall hingezogen, zu einem, der dich anspricht. Achte auf deine Intuition, denn genau mit diesem Stein sollst du dann auch arbeiten.

Es gibt ein paar Schritte, die du befolgen solltest, bevor du bereit bist, mit Kristallen zu arbeiten.

Reinigen

Kristalle nehmen Schwingungen auf, deshalb solltest du deinen Kristall reinigen, bevor du mit dem Manifestieren beginnst. Dazu eignet sich traditionell eine Räucherung mit Weißem Salbei oder Palo Santo (»heiliges Holz« auf Spanisch). Allerdings gibt es ethische Bedenken gegen diese Praxis aus Gründen der respektlosen kulturellen Aneignung, denn das Räuchern von Weißem Salbei ist Teil heiliger Zeremonien der Ureinwohner Nordamerikas. Die hohe Nachfrage hat außerdem die Versorgung mit Weißem Salbei erschwert. Die Überernte und Fragen der Nachhaltigkeit machen die Anwendung dieser Praxis deshalb ökologisch problematisch. Als Alternative – und im Sinne der Gegenseitigkeit beziehungsweise des Gleichgewichts mit dem Universum –, lade ich dich ein, deinen Kristall mit Kräutern aus deiner Region zu räuchern: zum Beispiel mit Lorbeerblättern, Holz aus der Region, Weihrauch oder Lavendel. Du kannst ihn aber auch für einen Tag in die Sonne legen oder unter fließendem Wasser reinigen.

Um Erlaubnis bitten

Frag deinen Kristall: »Darf ich mit dir arbeiten?« Warte einen Moment, und wenn du ein Gefühl des Friedens verspürst, ist er bereit, mit dir zusammenzuarbeiten. Strahlt er das nicht aus, wählst du einen anderen Kristall aus.

◦ ◦ – Aufladen – ◦ ◦

Leg deinen Kristall bei Vollmond auf die Fensterbank, um ihn mit der Energie des Mondlichts aufzuladen.

Programmieren

Zentriere deine Energie. Erde dich und vergegenwärtige dir das Thema, das du manifestieren willst. Setz eine Intention für den Kristall. Wenn du dich stärker erden möchtest, verwendest du einen Stein, der auf diese Intention ausgerichtet ist, etwa einen Karneol. Lade ihn mit dieser Intention auf. Stell es dir so vor, als ob du deine Manifestation in den Kristall hochladen würdest. Für die Heilung emotionaler Wunden eignet sich der Rosenquarz hervorragend. Halte deinen Kristall in der Hand und werde dir deiner Intention bewusst, indem du sie visualisierst, fühlst und im ganzen Körper wahrnimmst.

Handle

Denk daran, dass du gemeinsam mit dem Universum schöpferisch tätig bist. Handle im Einklang mit der Intention, die du in deinen Kristall programmiert hast. Wenn du einen Kristallschmuck gewählt hast, trag ihn bei dir, auch nachts, oder steck ihn in deine Tasche, wenn du an deinen Zielen arbeitest.

Eigenschaften der Kristalle

– Rosenquarz –

Ausgerichtet auf das Herzchakra, fördert der Rosenquarz Liebe, Selbstliebe und Mitgefühl. Er eignet sich sehr gut, um emotionale Wunden zu heilen und negative Energien zu klären, damit du dich für dein Ziel öffnen kannst.

– Türkis –

Der Türkis, der in den Kulturen der Native Americans – der Azteken und der Inka – als heilig gilt, sorgt für innere Ruhe, schützt vor negativen Energien und klärt emotionale Verstimmungen. Er ist dem Kehlchakra zugeordnet und bestärkt dich darin, deine Wahrheit auszusprechen, erhöht deine Präsenz und deine Manifestationskraft.

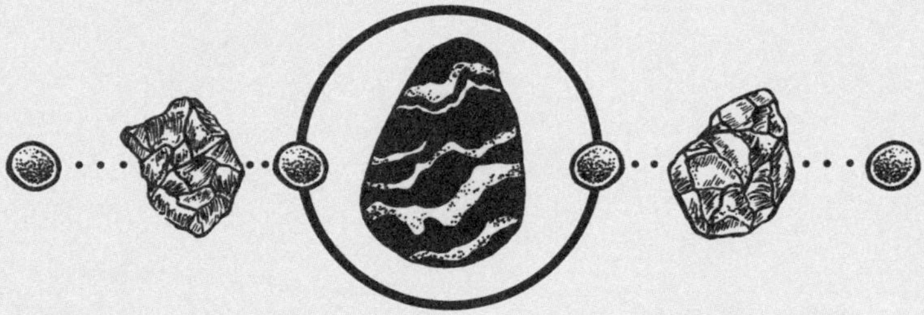

– Karneol –

Karneol steht für ein gesundes Selbstwertgefühl, Mut und die Überwindung von Neid und wird oft verwendet, um Reichtum und Erfolg anzuziehen. Er ist dem Sakralchakra zugeordnet und dient der Erdung und Stabilität.

— Bergkristall —

Dieser Kristall wird in schamanischen Kulturen traditionell für Heilung und zur Beseitigung negativer Energien verwendet. Er steht für Fokussierung, Durchblick und geistige Klarheit. Er ist dem Kronenchakra zugeordnet und fördert die Manifestation. Die Energie dieses klaren Minerals hilft dir, deine Ziele mit deinem höchsten Potenzial in Übereinstimmung zu bringen und in einen tieferen Bewusstseinszustand zu gelangen.

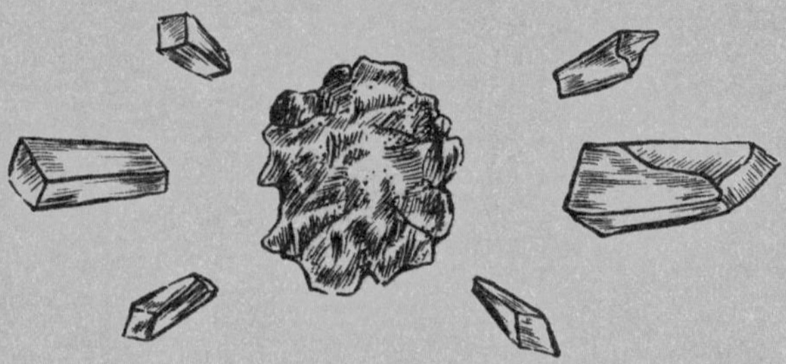

— Amethyst —

Dieser Kristall ist dafür bekannt, die innere Weisheit und die Verbindung zu deinem höheren Selbst zu fördern. Er besänftigt, verleiht Ruhe, Ausgeglichenheit sowie Frieden und schützt vor übersinnlichen Angriffen. Als Stein der Spiritualität ist er dem Kronen- und dem Stirnchakra zugeordnet.

Rauchquarz

Dieser Stein der Transformation war einst den Druiden heilig. Er transformiert Negatives, fördert das Positive und vertreibt Ängste. In Verbindung mit dem Wurzelchakra bringt er deine Lebensenergie in Balance und schafft Raum für sinnstiftende Veränderungen. Der Rauchquarz verbindet dich mit Mutter Natur, entspannt dich und inspiriert dich zum Handeln.

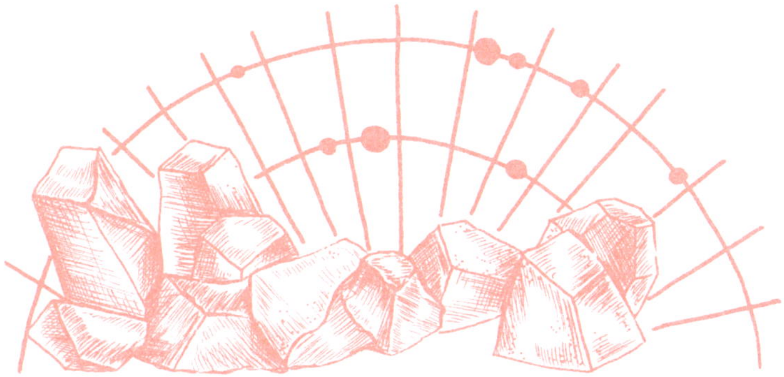

Hämatit

Der Hämatit ist dem Wurzelchakra zugeordnet, erdet dich und bringt dich ins Gleichgewicht. Er absorbiert negative Energie, wenn du ängstlich bist oder an deiner Manifestationsfähigkeit zweifelst.

Übung: Das Kristallringritual

Dieses einfache Ritual basiert auf der alten Weisheit der heiligen Geometrie und ist eine Bitte an die Synchronizität des Universums, dir beim Manifestieren zu helfen. Leg einen Ring aus Kristallen, um die Energie der Steine zu bündeln und deine Kraft zu verstärken. Du kannst deinen Kristallring im Haus oder, wenn du draußen Platz hast, in einem Garten oder auf einer Fensterbank auslegen. Ordne die Kristalle in verschiedenen Formen an, zum Beispiel als Gitter, Dreiecke,

Kreise oder Quadrate. Für die folgende Übung wählst du die Ringform.

1. Erde dich. Denk an dein Ziel. Wähl sieben Kristalle aus, zu denen du dich hingezogen fühlst.

2. Verlangsame deine Atmung und entspann dich. Stell dir vor, wie sich die energetische Grenze zwischen dir und den Steinen auflöst.

3. Nimm einen Kristall nach dem anderen in deine rechte Hand und halte ihn eine Weile. Visualisiere das Thema, das du manifestieren willst. Wenn du zum Beispiel eine gesunde, glückliche Beziehung anziehen willst, nimm den Rosenquarz, halte ihn in der Hand und stell dir vor, wie Liebe zu dir strömt und durch deinen Arm in deinen Körper fließt. Stell dir vor, dass diese Liebe in jede Zelle deines Körpers gelangt und durch deine Meridiane fließt – das sind die Energiekanäle, durch die auch die universelle Lebensenergie durch deinen Körper strömt.

4. Zu den alten spirituellen Zeremonien gehörte schon immer der Gesang. Durch Singen erreichst du einen meditativen Zustand und erzeugst eine einzigartige Energie. Singen ist eine kraftvolle Methode, um deine Intention ans Universum zu senden, während du achtsam deinen Ring vorbereitest.

5. Kreiere ein Mantra für deine Visualisierung. Für Rosenquarz könntest du singen:

Ich werde geliebt.

6. Wenn du mit deiner Visualisierung fertig bist, legst du auf jeden der sieben Punkte des Rings einen Kristall.

7. Lass dir Zeit, um neben deinem Kristallring zu sitzen und die positiven Gefühle und die Energie zu genießen.

Kristalle als Teil deiner täglichen Routine

Platziere deinen Kristallring an einem Ort, an dem du ihn täglich sehen kannst. Nimm dir jeden Tag einen Moment Zeit, um deine Verbindung zu jedem Kristall in deinem Ring zu aktivieren. Fokussiere dich auf **deine Vision + dein Mindset + deine Intention + dein Handeln.**

Mach dir bewusst, dass die Energie deiner Aufmerksamkeit folgt. Das ist ein guter Weg, um ein Mindset der Transformation zu entwickeln.

Energetische Grenzen setzen

Wenn du anfängst zu manifestieren, veränderst du deine persönliche Energie, und du wirst feststellen, dass du von vielen Seiten Hilfe und Unterstützung erfährst. Das Universum sorgt für zufällige Begegnungen und Synchronizitäten, mit denen du nie gerechnet hättest.

Aber seien wir realistisch. Manchmal wirst du auf deiner Reise auch auf Leute stoßen, die dir einreden wollen, dass du deine Träume nie erreichen wirst. Zynismus hat in unserer Kultur leider Hochkonjunktur. Es ist gar nicht so einfach, solchen Energievampiren aus dem Weg zu gehen. Sofort steht dein innerer Kritiker parat, der wieder mal deine Fähigkeit zur Umsetzung deiner Intention in Zweifel zieht. Aber das ist okay: Die anderen kennen dich und deine Kompetenzen ja gar nicht. In Wirklichkeit geht es nur um sie selbst, um ihre begrenzte Weltsicht und ihre Angst vor dem Scheitern (oder dem Erfolg).

Du bist der Meinung anderer nicht hilflos ausgeliefert und kannst alle ungebetenen negativen Energien oder Bälle, die dir zugeworfen werden, abwehren, indem du energetische Grenzen ziehst. So kannst du deinen Weg unbeirrt fortsetzen, egal, was auf dich zukommen mag.

Übung: Kreiere dein tägliches Erdungsritual

Wähle eine der folgenden Anregungen aus:

Meditieren, spazieren gehen, in der Natur sein, gut schlafen, still sein

Schütz deine körperliche und psychische Gesundheit, indem du Selbstfürsorge in deine Routine einbaust.

Kristalle

Wähl einen Stein aus, der negative Energie transformiert, zum Beispiel Rauchquarz, Türkis oder Obsidian. Trag ihn am Körper oder besorg dir einen Ring oder Anhänger mit diesem Kristall. Überlass es ihm, alle negativen Energien, die dir begegnen, aufzunehmen.

Verbring nicht so viel Zeit mit energieräuberischen Menschen

Wenn das nicht klappt, dann räum mal richtig energetisch auf. Folg dem Kompass deines Herzens. Ist es notwendig, dich im Laufe deiner Manifestationsreise von Menschen zu verabschieden, über die du hinausgewachsen bist? Wünsch ihnen Liebe und Licht und zieh weiter.

Nein sagen

Erlaub dir, alles und jeden zurückzuweisen, der nicht mit deinen Manifestationszielen (und deiner inneren Haltung) übereinstimmt.

Reminder setzen

Nimm dir jeden Tag Zeit, um dich an deine Ziele zu erinnern (stell einen Wecker und praktiziere die 3-6-9-Methode).

Rückschau halten

Das Vollmondritual ist eine gute Möglichkeit, um auf die vergangenen Wochen zurückzublicken. Du kannst überprüfen, was funktioniert, überarbeiten, was vielleicht nicht klappt, und dir neue Ziele setzen. Dadurch kommst du der Bestimmung näher, die du durch das Manifestieren erschaffst.

Stell ein Säckchen Salz neben deine Tür

Salz wird seit Jahrhunderten zum Schutz vor und Absorption von negativen Energien verwendet.

Wenn du Orientierung brauchst, geh zu deinem Jahresrad und verbinde dich mit deinem höheren Selbst

Falls du dich in einer stressigen Situation befindest, aber nicht in der Nähe deines Jahresrades bist, erde dich in die vier Himmelsrichtungen, wo du gerade bist. Zeichne das Rad auf ein Blatt Papier und füge die Himmelsrichtungen hinzu. Frag in jede Richtung: »Was brauche ich in diesem Moment?«

Such Kontakt zu Gleichgesinnten

Such dir eine Community, die deine Ziele unterstützt. Wende dich bei Bedarf direkt an die jeweiligen Ansprechpartner*innen.

Wir sind am Ende dieses Buches angekommen und deine Fähigkeit, zu manifestieren, hat sich mit Sicherheit gesteigert. Doch deine Reise hat gerade erst begonnen. Die eigentliche Arbeit besteht darin, dich selbst und die Welt um dich herum zu transformieren. Vergiss Selbstzweifel, Selbstkritik und Passivität. Manifestieren erfordert Mut.

Wenn du denkst, dass sich etwas ändern muss, oder wenn du ein Teil der Lösung für die Probleme der Welt sein willst, ist es jetzt an der Zeit, die magische Quelle deines inneren Schöpfers zu aktivieren. Du bist in der Lage, wirklich einen Bewusstseinswandel herbeizuführen. Tritt ein in den Raum deines höchsten Potenzials und visualisiere deine neue Welt. Bring deine Ziele in Einklang mit deinem Herzen, deiner Seele und deinem höchsten Selbst und freu dich darauf, großartige Veränderungen zu manifestieren.

In 20 Jahren wirst du
mehr enttäuscht sein über
die Dinge, die du nicht getan
hast, als über die Dinge,
die du getan hast.

Forsche, träume, entdecke.

MARK TWAIN